Table of Contents

Recipe	Page #

Table of Contents

Recipe	Page #

Table of Contents

Recipe	Page #

Table of Contents

Recipe	Page #

_____

Recipe Title

Prep Time: _____   Total Time: _____

Oven Temp: _____   Servings: _____

Ingredients:

_____   _____

_____   _____

_____   _____

_____   _____

_____   _____

Directions:

_____

_____

_____

_____

_____

_____

_____

p.

Notes

_____

_____

_____

_____

_____

_____

_____

_____

Recipe Title

Prep Time: _____   Total Time: _____

Oven Temp: _____   Servings: _____

Ingredients:

_____   _____

_____   _____

_____   _____

_____   _____

_____   _____

Directions:

_____

_____

_____

_____

_____

_____

_____

p.

Notes

Recipe Title

Prep Time: _____   **Total Time:** _____

Oven Temp: _____   **Servings:** _____

Ingredients:

_____   _____

_____   _____

_____   _____

_____   _____

_____   _____

Directions:

_____

_____

_____

_____

_____

_____

_____

Notes

_____

_____

_____

_____

_____

_____

_____

_____

_____

Recipe Title

Prep Time: _____   Total Time: _____

Oven Temp: _____   Servings: _____

Ingredients:

_____   _____

_____   _____

_____   _____

_____   _____

_____   _____

Directions:

_____

_____

_____

_____

_____

_____

_____

Notes

Recipe Title

Prep Time: _____ Total Time: _____

Oven Temp: _____ Servings: _____

Ingredients:

_____	_____
_____	_____
_____	_____
_____	_____
_____	_____

Directions:

_____

_____

_____

_____

_____

_____

Notes

_____

_____

_____

_____

_____

_____

_____

p.

_____

Recipe Title

Prep Time: _____   Total Time: _____

Oven Temp: _____   Servings: _____

Ingredients:

_____   _____

_____   _____

_____   _____

_____   _____

_____   _____

Directions:

_____

_____

_____

_____

_____

_____

_____

Notes

Recipe Title

Prep Time: _____   Total Time: _____

Oven Temp: _____   Servings: _____

Ingredients:

_____   _____

_____   _____

_____   _____

_____   _____

_____   _____

Directions:

_____

_____

_____

_____

_____

_____

_____

p.

Notes

_____

_____

_____

_____

_____

_____

_____

_____

Recipe Title

Prep Time: _____   Total Time: _____

Oven Temp: _____   Servings: _____

Ingredients:

_____   _____

_____   _____

_____   _____

_____   _____

_____   _____

Directions:

_____

_____

_____

_____

_____

_____

Notes

_____

_____

_____

_____

_____

_____

_____

Recipe Title

Prep Time: _____   Total Time: _____

Oven Temp: _____   Servings: _____

Ingredients:

_____   _____

_____   _____

_____   _____

_____   _____

_____   _____

Directions:

_____

_____

_____

_____

_____

_____

_____

p.

Notes

Recipe Title

Prep Time: _____   Total Time: _____

Oven Temp: _____   Servings: _____

Ingredients:

_____   _____

_____   _____

_____   _____

_____   _____

_____   _____

Directions:

_____

_____

_____

_____

_____

_____

_____

Notes

_____

_____

_____

_____

_____

_____

_____

_____

Recipe Title

Prep Time: _____   Total Time: _____

Oven Temp: _____   Servings: _____

Ingredients:

_____   _____

_____   _____

_____   _____

_____   _____

_____   _____

Directions:

_____

_____

_____

_____

_____

_____

p.

Notes

_____

_____

_____

_____

_____

_____

_____

Recipe Title

Prep Time: _____   Total Time: _____

Oven Temp: _____   Servings: _____

Ingredients:

_____   _____

_____   _____

_____   _____

_____   _____

_____

Directions:

_____

_____

_____

_____

_____

_____

_____

Notes

Recipe Title

Prep Time: _____ Total Time: _____

Oven Temp: _____ Servings: _____

Ingredients:

_____ _____

_____ _____

_____ _____

_____ _____

_____ _____

Directions:

_____

_____

_____

_____

_____

_____

_____

p.

Notes

_____

_____

_____

_____

_____

_____

_____

Recipe Title

Prep Time: _____ Total Time: _____

Oven Temp: _____ Servings: _____

Ingredients:

_____ _____

_____ _____

_____ _____

_____ _____

_____ _____

Directions:

_____

_____

_____

_____

_____

_____

Notes

Recipe Title

Prep Time: _____   **Total Time:** _____

Oven Temp: _____   **Servings:** _____

Ingredients:

_____   _____

_____   _____

_____   _____

_____   _____

_____   _____

Directions:

_____

_____

_____

_____

_____

_____

_____

Notes

_____

_____

_____

_____

_____

_____

_____

Recipe Title

Prep Time: _____   **Total Time:** _____

Oven Temp: _____   **Servings:** _____

Ingredients:

_____   _____

_____   _____

_____   _____

_____   _____

_____   _____

Directions:

_____

_____

_____

_____

_____

_____

_____

p.

Notes

_____
_____
_____
_____
_____
_____
_____
_____

Recipe Title

Prep Time: _____   **Total Time:** _____

Oven Temp: _____   **Servings:** _____

Ingredients:

_____   _____

_____   _____

_____   _____

_____   _____

_____   _____

Directions:

_____

_____

_____

_____

_____

_____

_____

Notes

_____

_____

_____

_____

_____

_____

_____

_____

_____

Recipe Title

Prep Time: _____   Total Time: _____

Oven Temp: _____   Servings: _____

Ingredients:

_____   _____

_____   _____

_____   _____

_____   _____

_____   _____

Directions:

_____

_____

_____

_____

_____

_____

_____

Notes

_____

_____

_____

_____

_____

_____

_____

_____

_____

Recipe Title

Prep Time: _____ Total Time: _____

Oven Temp: _____ Servings: _____

Ingredients:

_____ _____

_____ _____

_____ _____

_____ _____

_____ _____

Directions:

_____

_____

_____

_____

_____

_____

_____

p.

Notes

_____

Recipe Title

Prep Time: _____   Total Time: _____

Oven Temp: _____   Servings: _____

Ingredients:

_____   _____

_____   _____

_____   _____

_____   _____

_____   _____

Directions:

_____

_____

_____

_____

_____

_____

Notes

_____

_____

_____

_____

_____

_____

_____

_____

Recipe Title

Prep Time: _____   Total Time: _____

Oven Temp: _____   Servings: _____

Ingredients:

_____   _____

_____   _____

_____   _____

_____   _____

_____   _____

Directions:

_____

_____

_____

_____

_____

_____

Notes

_____

_____

_____

_____

_____

_____

_____

_____

_____

Recipe Title

Prep Time: _____   Total Time: _____

Oven Temp: _____   Servings: _____

Ingredients:

_____   _____

_____   _____

_____   _____

_____   _____

_____   _____

Directions:

_____

_____

_____

_____

_____

_____

_____

p.

Notes

Recipe Title

Prep Time: _____   **Total Time:** _____

Oven Temp: _____   **Servings:** _____

Ingredients:

_____   _____

_____   _____

_____   _____

_____   _____

_____   _____

Directions:

_____

_____

_____

_____

_____

_____

_____

p.

Notes

_____

_____

_____

_____

_____

_____

_____

_____

_____

Recipe Title

Prep Time: _____   Total Time: _____

Oven Temp: _____   Servings: _____

Ingredients:

_____   _____

_____   _____

_____   _____

_____   _____

_____   _____

Directions:

_____

_____

_____

_____

_____

_____

_____

p.

Notes

_____

Recipe Title

Prep Time: _____   Total Time: _____

Oven Temp: _____   Servings: _____

Ingredients:

_____   _____

_____   _____

_____   _____

_____   _____

_____   _____

Directions:

_____

_____

_____

_____

_____

_____

_____

Notes

Recipe Title

Prep Time: _____   Total Time: _____

Oven Temp: _____   Servings: _____

Ingredients:

_____   _____

_____   _____

_____   _____

_____   _____

_____   _____

Directions:

_____

_____

_____

_____

_____

_____

p.

Notes

Recipe Title

Prep Time: _____   Total Time: _____

Oven Temp: _____   Servings: _____

Ingredients:

_____   _____

_____   _____

_____   _____

_____   _____

_____   _____

Directions:

_____

_____

_____

_____

_____

_____

Notes

_____

Recipe Title

Prep Time: _____   Total Time: _____

Oven Temp: _____   Servings: _____

Ingredients:

_____   _____

_____   _____

_____   _____

_____   _____

_____   _____

Directions:

_____

_____

_____

_____

_____

_____

Notes

Recipe Title

Prep Time: _____   **Total Time:** _____

Oven Temp: _____   **Servings:** _____

Ingredients:

_____   _____

_____   _____

_____   _____

_____   _____

_____   _____

Directions:

_____

_____

_____

_____

_____

_____

_____

p.

Notes

_____

_____

_____

_____

_____

_____

_____

_____

Recipe Title

Prep Time: _____   Total Time: _____

Oven Temp: _____   Servings: _____

Ingredients:

_____   _____

_____   _____

_____   _____

_____   _____

_____   _____

Directions:

_____

_____

_____

_____

_____

_____

_____

p.

Notes

_____

_____

_____

_____

_____

_____

_____

_____

Recipe Title

Prep Time: _____   Total Time: _____

Oven Temp: _____   Servings: _____

Ingredients:

_____ _____

_____ _____

_____ _____

_____ _____

_____ _____

Directions:

_____

_____

_____

_____

_____

_____

_____

p.

Notes

_____

Recipe Title

Prep Time: _____   Total Time: _____

Oven Temp: _____   Servings: _____

Ingredients:

_____   _____

_____   _____

_____   _____

_____   _____

_____   _____

Directions:

_____

_____

_____

_____

_____

_____

_____

Notes

Recipe Title

Prep Time: _____   Total Time: _____

Oven Temp: _____   Servings: _____

Ingredients:

_____   _____

_____   _____

_____   _____

_____   _____

_____   _____

Directions:

_____

_____

_____

_____

_____

_____

_____

Notes

_____

Recipe Title

Prep Time: _____   Total Time: _____

Oven Temp: _____   Servings: _____

Ingredients:

_____   _____

_____   _____

_____   _____

_____   _____

_____   _____

Directions:

_____

_____

_____

_____

_____

_____

p.

Notes

Recipe Title

Prep Time: _____   **Total Time:** _____

Oven Temp: _____   **Servings:** _____

Ingredients:

_____   _____

_____   _____

_____   _____

_____   _____

_____   _____

Directions:

_____

_____

_____

_____

_____

_____

_____

Notes

_____

_____

_____

_____

_____

_____

_____

Recipe Title

Prep Time: _____   Total Time: _____

Oven Temp: _____   Servings: _____

Ingredients:

_____   _____

_____   _____

_____   _____

_____   _____

_____   _____

Directions:

_____

_____

_____

_____

_____

_____

_____

p.

Notes

_____

Recipe Title

Prep Time: _____   Total Time: _____

Oven Temp: _____   Servings: _____

Ingredients:

_____   _____

_____   _____

_____   _____

_____   _____

_____   _____

Directions:

_____

_____

_____

_____

_____

_____

_____

p.

Notes

_____

_____

_____

_____

_____

_____

_____

_____

Recipe Title

Prep Time: _____   **Total Time:** _____

Oven Temp: _____   **Servings:** _____

Ingredients:

_____   _____

_____   _____

_____   _____

_____   _____

_____   _____

Directions:

_____

_____

_____

_____

_____

_____

_____

Notes

_____

_____

_____

_____

_____

_____

_____

_____

Recipe Title

Prep Time: _____   **Total Time:** _____

Oven Temp: _____   **Servings:** _____

Ingredients:

_____   _____

_____   _____

_____   _____

_____   _____

_____   _____

Directions:

_____

_____

_____

_____

_____

_____

_____

Notes

_____

_____

_____

_____

_____

_____

_____

_____

_____

Recipe Title

Prep Time: _____   Total Time: _____

Oven Temp: _____   Servings: _____

Ingredients:

_____   _____

_____   _____

_____   _____

_____   _____

_____   _____

Directions:

_____

_____

_____

_____

_____

_____

_____

p.

Notes

Recipe Title

Prep Time: _____   **Total Time:** _____

Oven Temp: _____   **Servings:** _____

Ingredients:

_____   _____

_____   _____

_____   _____

_____   _____

_____   _____

Directions:

_____

_____

_____

_____

_____

_____

Notes

_____

Recipe Title

Prep Time: _____   Total Time: _____

Oven Temp: _____   Servings: _____

Ingredients:

_____   _____

_____   _____

_____   _____

_____   _____

_____   _____

Directions:

_____

_____

_____

_____

_____

_____

_____

p.

Notes

_____

Recipe Title

Prep Time: _____   Total Time: _____

Oven Temp: _____   Servings: _____

Ingredients:

_____   _____

_____   _____

_____   _____

_____   _____

_____   _____

Directions:

_____

_____

_____

_____

_____

_____

_____

Notes

Recipe Title

Prep Time: _____   **Total Time:** _____

Oven Temp: _____   **Servings:** _____

Ingredients:

_____   _____

_____   _____

_____   _____

_____   _____

_____   _____

Directions:

_____

_____

_____

_____

_____

_____

_____

Notes

_____

Recipe Title

Prep Time: _____   Total Time: _____

Oven Temp: _____   Servings: _____

Ingredients:

_____   _____

_____   _____

_____   _____

_____   _____

_____   _____

Directions:

_____

_____

_____

_____

_____

_____

_____

Notes

Recipe Title

Prep Time: _____   Total Time: _____

Oven Temp: _____   Servings: _____

Ingredients:

_____   _____

_____   _____

_____   _____

_____   _____

_____   _____

Directions:

_____

_____

_____

_____

_____

_____

_____

p.

Notes

_____

Recipe Title

Prep Time: _____   Total Time: _____

Oven Temp: _____   Servings: _____

Ingredients:

_____   _____

_____   _____

_____   _____

_____   _____

_____   _____

Directions:

_____

_____

_____

_____

_____

_____

_____

Notes

_____

_____

_____

_____

_____

_____

_____

_____

Recipe Title

Prep Time: _____   **Total Time:** _____

Oven Temp: _____   **Servings:** _____

Ingredients:

_____   _____

_____   _____

_____   _____

_____   _____

_____   _____

Directions:

_____

_____

_____

_____

_____

_____

_____

Notes

_____

_____

_____

_____

_____

_____

_____

_____

_____

Recipe Title

Prep Time: _____   Total Time: _____

Oven Temp: _____   Servings: _____

Ingredients:

_____   _____

_____   _____

_____   _____

_____   _____

_____   _____

Directions:

_____

_____

_____

_____

_____

_____

_____

p.

Notes

_____

Recipe Title

Prep Time: _____   Total Time: _____

Oven Temp: _____   Servings: _____

Ingredients:

_____   _____

_____   _____

_____   _____

_____   _____

_____   _____

Directions:

_____

_____

_____

_____

_____

_____

_____

Notes

Made in the USA
Las Vegas, NV
12 December 2020